居酒屋おばさんの下戸ですけど何か?!

明子

幻冬舎MC

居酒屋おばさんの下戸ですけど何か？

はじめに

ず～っと解けない謎がある。

人類がどんなに未知の物を解明したとしても、これだけは決して解く事はできない謎がある。

私「ねえ又うなってたよ。だから少し量をへらせって言ってんじゃん」

ベッドに横になりイヤホーンを耳につけ両手を天井にふりかざし、ときおりリズムをとるように体を揺さぶり、一身にう～んう～んとうなっている珍獣のイヤホーンを私は思いっきり引っこぬく。

珍獣「エッなに！　今マーリンルージュでかっこつけて～ってとこだったのに～」

びっくりして飛び起きた珍獣に、いつものように私の罵声が部屋中に鳴り響く。

私「ハッ！　秘密のデートかい！　あんたはサザンの曲を歌ってるつもりだろう

けど、ただの死にぞこないの老人のうめき声なんだよ。何回も言うけど、うちは安普請なの！　窓のそばでうん、うんうなってたら、近所めいわくなの！」

そうなのだ。酔っぱらうとこの珍獣は必ずサザンの曲でうなり始める。ふだんは鼻歌すら歌わない人なのに。

珍獣「エッでも……サビの部分は力が入ってさ……」
私「ハッ！　サビだろうがカビだろうが耳ざわりなの！　いいかげんにしてよ、何回同じ事言わせるの。本当にまじでバカなの！」

珍獣はブツブツ言いながら、いつものようにベッドに横になり、
珍獣「うるさかったらドア閉めてってネ～」
私「ハッ！　だからうなるなって言ってんの！　口むすんで早く寝ろ！」

おそらく、いや一〇〇％ここにいる珍獣のうめき声よりも私の罵声の方が近所めいわくなのは重々わかっている。わかってはいるけれど、理性よりもむかつきという感情がMAXになり、珍獣に対する鬼と化してしまう。

なぜか⁉

それはここに出てくる珍獣はさっきまで私の旦那だったからだ。

だが、ある一線からもののみごとに変身して珍獣と化してしまう。

いったいどのスイッチを押せば珍獣へと変化できるのか？　私にはまるっきり理解ができない。

確かによく耳にする酒乱とはほど遠く、うちの珍獣は人に危害を加える事はない。

仕事が終わり、外に飲みに行く訳でもなく、自分におつかれ様とごほうび的にアルコールを口にする。

目くじらを立てる事もなかろうが、いかんせんむかつきが抑えられない。

なぜか？　これしか思いあたらない。


私は「正真正銘の下戸」なのである。


まるっきりアルコールという液体を受け付けられない。

だから酔うという感覚がてんでわからないのだ。

まるっきり未知の世界の話なのだ。

さっきまでいつもの人だったのに、アルコールを口にして、ある一線を越えたとたん別の生き物、すなわち珍獣へと化す。

人生六十数余年、この謎だけは一向に解明できない。


それなのに、それなのに、理不尽この上ないが、その珍獣の旦那と魚料理専門の居酒屋を生業として生きてきた私なのだ。

そうなると必然的に嫌でも酒に囲まれる。

お客さんを珍獣よばわりはできないが、それに近い人達もずいぶん見て来た。

これからお話しする事は人生の終末期に手が届くようになり、人生の大半を居酒屋という箱の中で過ごしてきた居酒屋おばさんのたあいのない一人言。なのでもしよろしければ最後までおつきあい願えれば幸いでございます。

目次

下戸のぼやき

酒飲みと下戸、どちらが得かと常に考えて生きてきた。

どう見てもトータル的に酒飲みではないかと私は思う。

例えば、飲んべーと下戸が一緒になって会食すると、圧倒的に酒飲みが多い。飲んべーとまではいかなくても、嗜む人はいっぱいいる。お酒が好きな人達は限りなくいるのだ。その中で私ら下戸が場を盛り上げようと、どんなに努力しても酒好きな人が一線を越えて珍獣になったとたんに、全部もっていかれてしまう。

なぜなら、

彼らは恥ずかしいとか、ためらいという本来人間が持っている性分をアルコールという魔物の飲み物で薄めてしまうので、何の抵抗もなくはっちゃけられるのだ。

「エッ、あんなおとなしい人が、うそ信じられな～い！」

ってな人間をいっぱい私は見てきた。

ためらいと羞恥心を無くした人間にかなう訳がない。

もっとすごい事は彼らは一晩眠れば、すっかり元の人間に戻る事ができる。

なんて都合のいい生き物なのだ。


うちの珍獣も、うなった次の日には旦那に戻り、私がいくら、

「昨日もう～う～うめいてうるさかったよ～！」

と訴えても、

「そんな事はない。本を読んですぐ寝た」

と何事もなかったように言ってのけ、あげくに、

「俺のあげあし取る前に、自分のイビキがうるさいの知らないの！」

などと、まるで勝ち誇ったようにのたまうのだ。

でも彼らは本当に何も覚えていないのだろうか。

酔っている間、自分がどんな行動をしていたのか気にはならないのか。

よく家の前や玄関で寝ていたとか、朝起きてどうやって帰ってきたのか憶えがない
などと聞くが、本当に何も覚えていないのか私にはとうてい理解ができない。

珍獣である時間とは、記憶がなくなるという事。すなわち記憶喪失そのものではないのか、私だったらこわくて、もしそのような事があったら平常心などたもてない。一度もそのような時間を過ごした事のない私には飲んべーは本当に謎の生き物だ。


そしてもう一つの謎、それは味覚！

アルコール、お酒の味を「うまいっ」と感じる彼らの味覚が本当に理解できない。彼らと私ら下戸の舌の構造って根本的に違うのだろうか。

彼らが必ず口にする「とりあえず、ビール!!」

いったい何がどうなってとりあえずなんだといつもビールを運びながら思うのだが、あの苦くまずい液体を、どう舌でころがしゃうまいと感じるのか。

だったら彼らは、苦い粉薬を何とも思わず口にできるのだろうか。そう言えば、うちの珍獣も、毎日飲む、数ツブの玉の薬を、かみくだいて飲みほしている。せっかく玉にして苦味がないように錠剤にしてあるのに、わざわざ苦くなるようかみくだくのである。

私はだんぜん玉の薬、錠剤派です！

それにあの色、彼らは口にするたび、連想しないのか？　花見などで紙コップにそそがれて一定時間過ぎた気の抜けたビールなぞ、泡といい私には検尿コップにしか見えない。

日本酒ときたら、利き酒の品評会があるが、よく耳にする、「豊潤な香り」豊潤ってこういう時に使う言葉なのか、私が思うには豊潤って、バラ園の中とか、飲み物だったら断然お茶でしょうが、新茶の品評会に使われる言葉でしょうが、と思うのだけど、彼らは何も疑問を感じず、使っているのだろうか。

それともそもそも彼らと私ら下戸の身体のしくみが根本的に違うのだろうか。

できたらその道に長けている方に教えてもらいたいものだ。

そう言えばいつも言われる言葉がある。

友達などに私が下戸だと話すと、

「うそだ～!　どうみても酒豪の体型じゃないの～!」

私は確かにガタイがでかい。

見た目はりっぱな肝っ玉おばさん。

だからといって、何で酒豪と決めつける、おまけにうそついたって何の得にもならんじゃないの。

酒を飲めない人間のイメージって、線が細くて、かよわくてはかなくなくちゃいけないのかと毎回イラッとくる。

こんな事も言われた事があった。

店の常連さんに、

「ママって本当にお酒飲めないの～、人生の半分損してんね～かわいそうだね～」

そうなのか、私はかわいそうな人間の部類に入るのか。

それもかわいそうな上に損までしてるのか。なんと悲惨な人生なのだ。

よし、だったら飲めるようになって人生を倍楽しもうじゃないか、と思い立ちアルコールに挑戦した事もあった。

旦那につまみを作ってもらい、まずはビールに挑んでみた。

ちなみに先に記したようにうちは料理屋なのでつまみには事欠かない。

世間でいう晩酌気分で「カンパーイ！」とビールを口にした。

「に、苦い‼」

やっぱり粉薬ばりの苦さ、それを消そうとつまみをほおばる。

「あ～うちのつまみはうまいな～」

とほっとし、又、ビールを口にすると、

「に、苦い‼」

せっかくのおいしいつまみでいっぱいの口の中に、あの苦い液体をたらし込む、苦さで、又つまみをほおばる。

そのくり返しで見事に太ってしまった、これでは糖尿が悪化するではないか。

は～やはり私は人生半分損したままで寿命が尽きてしまうのか。

旦那にぐちったら、

「母ちゃんは充分生きてます。寿命だって人の倍はあるのに、それ以上倍にしたら妖怪です」

「妖怪と珍獣」そりゃ似た者夫婦じゃん！

いや、いや、なんて喜んでいられない。

寿命の長い、短いではなくて、人生楽しんで全うしたかという事でしょ。

酒飲みの人と下戸で同じ年月生きたとして、酒飲みだけ得をして生きてんじゃ下戸は割にあわないでしょ。

そうだよ。まったくだ。

確かに割にあわない事はいっぱいある。

忘年会などで、

「今日は、無礼講だから、上司と部下は関係なし！」

なんて、はっちゃけて上司にタメ口でだめ出しなんてシラフの人間じゃ絶対無理。あんなのはアルコールで思考回路のタガがはずれたからできるのであって、ふだんと同じ思考だったらまじに無理でしょ。ためらいという感情で止められちゃう。ましてや言われた上司は覚えていたとしても、本人は次の日には忘れている。

上司が多少むかついてても本人は忘れているので、いつも通りの一日に戻れる。だけど、シラフの人間が同じ行動をしたら、両者、ムカムカした感情のままで長引いてこじれて結末は悲惨になる可能性が大ではなかろうか。

それにちょっとケチくさい話になるけど、

飲み会で飲んべーの人が珍獣から大虎へ大変身するのも大の苦手。

珍獣のうちはかわいいもんだけど、大虎になると自我が大バクハツ、やりたい放題好き放題、かんべんして下さいな。

自分の得意分野の話を延々と話す、十八番のサビの部分のみを延々と歌う、それも得意顔で（歌うなら通しで歌詞を忘れるなっての）、それを下戸の私はひたすら作り笑顔で大虎のツバのかかったつまみを口にしながらジュースを飲んでいる。

それでも会計は割り勘っておかしな話じゃありませんかっての。だ～、ダメだ。ますますむかついてきたわ。

　なので、これからは一つ一つ皆様が読みやすいように、旦那いわく妖怪の私こと居酒屋おばさんが、この年までに体験してきた愛すべき謎の飲んべーさんとの数々のエピソードをお話しさせて頂きますので、改めてどうか最後までおつきあい下さいませね。

謎の生態、三人衆

ある晩の事、犬を散歩させた帰り道、犬がう~とうなりはじめた。犬の目線の先に自動販売機があった。その自販機の前に一見サラリーマン風の若いお兄ちゃんがいる。お兄ちゃんは、自販機に向かって何かしゃべっている。

近づくとそのお兄ちゃんは「すみません、すみません」と自販機に向かってあやまっていた。

足元はフラフラだ。

内容を聞いていると、「わかってますハイわかってます、すみません、すみません！」のくり返し。

これは、おばさんの勝手な思い込みだが、おそらくその兄ちゃんは、会社で何かへまをして上司か誰かにあやまっているつもりなんだろう。要するに兄ちゃんの中ではそれは自販機ではなく人間に見えているという事。それはもうかわいそうなくらい平身低頭。

でもコントか！　と叫びたくなるくらいの笑えちゃう姿。

だってどうしたらあの物体が人間に見えるの。

あんなガタイがでかくて四角い人間がいたら、おばさんは金払っても見てみたいもんだと思いながら犬を兄ちゃんから引き離すのにやっきになった。犬はその間ずっと兄ちゃんに向かってうなり続けていた。

そりゃ犬だってあの光景はおかしく見えてたにちがいないよね。


公園で酔っぱらいのおっちゃんがイスにすわり缶ビール片手にさきいか食べていた。もう顔つきはいいこんころもち。

私がその前を通ると、いきなり食べていたさきいかを投げてきた。

「エッ!!」とびっくりしていると、

「あっお母さん、ごめんね！　そこの猫に投げたのよ！」

「えっ？　猫？　どこに？」

とあたりを見回したが、どこにも猫などいない。

おっちゃんが投げたさきいかは黒い石の近くに落ちていた。

「おとなしい猫でさ～、ず～っとそこでエサもらうの待ってるんだ！」

ここまでの話でだいたいおさっしはついたでしょうが、そうです！　そのおっちゃんはその黒い石を黒猫とでも思っているのか、自分のつまみを分けあたえていたのだ。

まあ、心やさしいおっちゃんにはちがいない。

酔ってはいても口調はおだやか、いい人なんだろうな～。

がっ！　どこをどう見たらあの石が猫に見えるの‼

近眼なの？　乱視なの？　はたまたメルヘンなの？


電車の中で皆が避けてるのをいい事に、座席を占領してどなってる酔っぱらい。横向いて訳わからん事を空席に向かってわめいている。

まあ、私らに向けているのではないので、まだ救われるが、その空席には誰かがいるの？

人間？　だとしたらどんな？　はたまた妖精？　そんなはずないよね。おそらく私らには見えない何かがそこにいるんだよね？

だとしたら、それはもう特殊能力だわ！　すごい事です。

ロシアにあるとうわさされる超能力センターにでもスカウトされなさい。

とにかく飲んべーさんは私ら下戸にとって宇宙人にも匹敵する謎多き生き物そのも

のだ。

昔はあたり前、セクハラおじさん

今でこそいろいろうるさいのであまり目や耳にしないが、昔はいろいろ失礼なお客さんもそれなりにいた。

セクハラ、パワハラあたり前、まだまだ若かったおばさんのお尻をタッチしたり、卑猥な言葉を口にしたり、そりゃもう品のないお客さんもけっこういた。

その中ではびっくりするような職業の人や、名のある会社に勤めているお客さんも何人かいたが、どんなにえらい人でもお酒が入るとスイッチが入り、タガがはずれとんでもない事になる。

まだおばさんも若かった時は対処に困った時もあったが、そこはもう経験を積んで、慣れてくるとお手のもの。

特に、お尻タッチのスケベな客は問答無用、制裁を加えてやるのだ。一番効くのは、お尻をさわられたら、その手をつかんで、

「いいかげんにしろい！　このスケベ！」と大声でどなる。

だいたいこれでシュン‼

たまに「何だ、このやろう！　俺が何したって言うんだ！」って逆ぎれするスケベ親父もいるけど、

「今、その手で私のおケツさわったよね！　みんなが見てるよ！　本当だったらケイサツ行きだよ！　ケイサツ行ったら困るのはお客さんだよ。仕事も人生も全てパ～だよ！」

と相手に負けずに大声でスケベ親父の声にかぶせる！

これだね‼

地位の高い人ほどシュンとなって一気に酔いが醒めて現実に戻る。こういう人って会社で部下からどう見られているんだろうか。

おそらく自分のこんな姿思いえがいていないんだろうな～。

自分がお酒を飲んだ時の姿なんて飲んべーさんはみんな知らないのだ。もう一人の自分なのに……。

本当にお酒を飲むのも気を付けないと人生終わっちゃう事だってあるよっておばさんは声を大にして言いたいのだ。

一度、次の日にあやまりに来てくれたお客さんがいたけれど、

「まあ、ママ、酔った上での事だから……」って頭かきながら、あやまっていた。

下戸から言わせてもらえば、この言葉って本当に調子いいよね。酔った上でって、だったら酔っぱらってれば何でも許されるのか？

それはお酒を飲む人間の特権なのか、そうだったら私ら下戸はそれこそ大損の人生じゃないか‼

って大声でおばさんは叫びたいのだ。

でもね、この話もおばさんが若かった頃の話。

今は悲しいかな、誰一人おばちゃんのお尻なんか興味もないし、見向きもされないのだ。

あ〜、時の流れって本当に残酷なのだ〜‼

庶民的な店でゴメンね。

うちは魚料理専門なので、こんなチンケなお店でも、魚好きのお客さんがありがたい事にあちらこちらから訪れてくれる。

その中にあまりお客さんの悪口は言いたくはないけれど、何かあきらかに勘違いなさってはいませんか？って鼻につくお客さんもいた。うちは構えも作りも大衆向け、値段ももちろん大衆向け、だって、私と旦那が営んでいるんだもん、高級感なんてだせる訳がない。でも品物だけは高級店におとりませんよ！

安くておいしい魚を気軽に食べてもらおうっていうのがモットーの店。でも、ごめんなさい。それでしたら他のお店で楽しんで下さいねっていうお客さんもたまに来られる。

特に女性を連れて訪れるおじさん系に多いんだけど、注文した刺身の盛り合わせを前にして、あっているのかどうなのかと思う魚の講釈を延々と述べていて、私が、

「早く食べてくれないと、なまものなんだから……」

って思っても、

「マグロやカツオはずっと泳いでいるんだよ！　ヤツらは泳ぎを止めたら死んじゃうんだよ！」

「エ～○○さんって博識～！　じゃあ生まれて死ぬまで眠る事はないんだ～」

「そうだよ。ヤツらは寝る事＝死んじゃう事だからずっと泳ぎ続けているんだよ。だから泳ぎ続ければ体が引き締まり、イキのいい身が締まったカツオになるんだ！」

などとしたり顔で刺身を前にして述べ続けている。

でも私から言わせてもらうと、マグロだってカツオだって死ぬまで寝ないで泳ぎ続けているなんてありえない！

彼らは脳の部分を右、左に分けて（右脳、左脳の事ね）交互に眠らせて、すごくゆっくり泳ぎながら寝てるんだよ。

って教えてあげたいけど、せっかく彼女にいい所を見せたいのだろうから、おばちゃんはあくまでも知らん顔に徹する事にする。

でも、それで収まればいいのだけど、たまに、

「この○○はね～、あ、お姉さん、これ、とれたのどこ？」

って聞いてくる人がいる。

そう聞かれるとうちは決まってこう答える事にしてるんだ。

「ハイ！　海ですよ‼」って。

これのどこがまちがってる？

アユやイワナだったら海‼って言ったら魚料理専門店としちゃそれはもうサイテーだけど、うちが仕入れた魚はほぼ一〇〇％海で泳いでいたのだからまちがいじゃないでしょ。

おそらくそう聞いてくるお客さんは、その魚の産地を知りたいのだろうけど、それはたまたまその魚がそこでとれただけの事。

ブランド物の大間のマグロや関サバなどは別として、魚はおいしく口にできればそれが一番なんじゃないかな。

例えばうちのマグロは三浦三崎と決まっているけど、三浦三崎のマグロは遠洋漁業！　はるか遠いどこかのお国の海でマグロ漁師さんがとってきて、瞬間冷凍して日本にもってくる。

その他の魚は地元の市場で仕入れてくるんだもん、海‼としか答えようがない。

「どこそこでとれた魚です！」って言ったら味が変わるのかとおばちゃんは首をかしげてしまう。

そういう答えを望んでいるお客さんは、うちの店はごえんりょ願います。うちは海でのびのびと泳いでいた魚の中で、イキがよく、おいしくてなおかつ安く仕入れた魚でお客さんに喜んでもらうのがほこりなの!! それにとれた場所によって値打ちが変わるってお魚にだって失礼じゃないの！ っておばちゃんはいつも思っている。

勘違いといえばもう一つ!!

今はもうほとんどいないけれど、昔バブルの頃、接待や仲間との飲み会で高級料理屋さんを使ってた人がうちに来た時、注文する時に、声をかけるのではなく「パン、パン！」と手をたたいて、おばちゃん達を呼ぶ事があった。

そういう人らにおばちゃんは、

「ごめんね！ うちは神社じゃあるまいし、私らは、かしわ手をされるほどえらくはないからね！」って返していた。

やっぱり怖かった、オレオレ兄ちゃん？

先日、本当に嫌な事があった。

うちは一階が店舗、二階が住居になっている。

固定電話は店と住居と一緒。

電話の登録名義はおばちゃんの個人名。

この年になると、女の名前だと、旦那に死なれたあわれなばあさんとして見られているのか、あちらこちらのあまりよろしくない集団から年がら年中、詐欺まがいの電話がかかってくる。

おそらく個人情報ダダモレです！

もちろん店の電話なので、お客さんからの予約電話もあるので、かかってきた電話には全て出る。

若い時はそうでもなかったが、六十過ぎたあたりから、

「○○に変えれば電話代がタダになる！」

……そんなうまい話ありゃせんがな……。

だの、こうしたら安くなる系が多い。

オレオレ詐欺なら、うちの場合、受話機をとったら、屋号を言うので、ほとんどそこで切れる。

が、その時はちがった!!

その日は店が休みだったので、おばちゃんはのん気に昼寝をしていた。

電話が鳴った。

「ハイ、○○です！」と屋号を言う。

「あ、いたんだ～！　今日行くからさ～！」と若い兄ちゃんの声。そう言われれば誰だって店にくるもんと思うでしょ！

なので、

「今日は休みですよ。うちの営業日は○○です！」

「エッ何言ってるの～わからないの、オレの声わかるでしょう！」

ねぼけていたおばちゃんは、昼寝をじゃまされたイライラがつのり、少し声が荒がってきて、

「だから、ごめんなさい。わかりませんよ、どなたです！」

そしたら、そのバカは、

「マジに～、ふざけないでよ！　オレだよ、オレ!!」

と、これ又ど直球なオレオレアピール！！！

もう少しひねればいいものを、あまりにも素直にオレオレアピールされたものだから、おばちゃんは思わず、

「ハ～てめえ！　オレオレ詐欺か！　どこに電話かけてんだ!!」

と、やくざばりのとんでもない受け答えをしてしまった。これは言い訳ではないが、いつもは人のいい、品こそないが、おだやかなおばちゃんなのだ！！！

そしたら向こうのバカが、

「ババア～てめえぶっ殺すぞ!!」

と返してきた。

いくらこのおばちゃんだって、こうこられたらそこはやはりかよわい女性。こわくなって電話を切った。

その一部始終を見ていた旦那はいつものように我関せず……。

そしたらすぐ又かかってきた。

よっぽど面白くなかったんだろう、でもそりゃこっちだわ!!　さすがに今度は旦那にとってもらったら、いきなり電話口から、

「○○○子のくそばばあ～、今からぶっ殺しに行くからな！」

と、おばちゃんの個人名が名指しで思いっきり聞こえてきた。もう、やつらの中にはおばちゃんの情報は満載らしい……（泣）。こうなったら、いくらなんでもおばちゃんだってまじにビビるわな。父ちゃんがいてくれて本当よかった～。

こんな事があっちこっちに起こっている今の世の中。

一人暮らしの年配のご婦人らは本当に心ぼそいだろうにね。なげかわしい世の中です。

どんな旦那だろうと、そばにいてくれるだけでも本当にありがたいって、今回はつくづく旦那に感謝したおばちゃんなのでした。

父ちゃんありがとう。

今日もどこかで、詐欺があったとニュースで流れてた。

あ～いうやからにも親はいるんだろうし、あんまり世の中バカにするんじゃないよ。

あんたらだっていつかは老いる！

その時は今よりもっと生きにくい世の中になって、あんたみたいのが一番のカモになるんだよ！

まじめに働け！　なんてあんたらには無理な事は言わないから、せめて人様にめいわくかけずに、そこいらでのたれ死んでくれ～とおばちゃんは切に祈っている。

そんな事があった次の日、おばちゃんと旦那はさっそく電話にナンバーディスプレイとかいう機能を取りつけました！とさ。

民度が高い飲んべーさん

先日、久しぶりに電車に乗った。

夜の十時過ぎだが上りなのでそれほど混んではいなかった。みんなマスクをしていた。その中にサラリーマン風のおじさんが、足を大きく開き、イスからずり落ちそうになりながら爆睡していた。時間的に酔っているのかも知れない。

もちろんそのおじさんもマスクをしていたが、少しずれていた。やはり今のご時世、密閉された電車の中でマスクがずれているのが気になって、私はおじさんから目を離さずに距離を置いていた。

ある駅についた。爆睡していたおじさんは、ハッと気付いて目をさました。

「あ、降りるのか？」と見ていたら、おじさんは体勢を立て直し、カバンをひざに置き直し、めがねを正し、そして、何と、ポケットから新しいマスクを取り出して、自分がしていたマスクをビニール袋に入れ、それをカバンに入れ、又、眠りについたのだ。

それを見ていた私は、「日本人ってすごい!!」とどこかのおえらいさんの言ってた

民度が高いという言葉を思い出し、何か感動すら覚えたのだった。

酔っていても、それなりにしっかりした人は、ちゃんと自分をつらぬいてるんだと、少し考えを改めた出来事だった。

頼む！　私にも歌わせてくれい！

私はサザンが大好きだ。

もちろん夫婦でサザンファン。今も仲良く一緒にいられるのもサザンのおかげだと思っている。

ライブツアーがあると全国おっかけをするほどだ。

そのサザンや桑田先生（うちは桑田さんの事を神とあがめているので先生と呼んでいる）の歌を思いっきり歌いたいので旦那とカラオケに行く事もある。

一度おばちゃん仲間七―八人とカラオケに行った時の話！

私以外はみんなお酒の好きな人で、おのおの得意なカラオケに興じていたが、私はオンチなので旦那と二人の時は歌うが、こういう時はほとんど聞き役だった。

まあ、これも下戸の宿命とあきらめていたところ、一人のおばちゃんが、

「あ～○○さんも歌いなよ。確かサザンファンだよね！　いとしのエリー入れてあげて！」

と勝手に「いとしのエリー」を入れてしまった。

サザンファンと聞くと、ほとんど「いとしのエリー」とくる。確かに「いとしのエリー」は名曲だが、私が好きなのは、「ミス・ブランニュー・デイ」という曲。もしどうしても歌えと言うならこの曲を歌いたい。そう思って曲を入れかえて順番を待った。

おばちゃん達は、演歌・歌謡曲、はてはピンク・レディーと大盛り上り！

そこへ、私の「ミス・ブランニュー・デイ」の番がきた。

「よしっ！」と気合いをいれたしゅんかん、一人のおばちゃんが、

「何、この曲、英語の歌じゃない！　誰かまちがえた！」とプチッと消去！

「エッ‼　それは私の曲だ！」と切れそうになったが、そうか、この人達は、サザンと言えば「いとしのエリー」や「TSUNAMI」くらいしか知らないのか。

だったら今はやりの西野カナの「会いたくて会いたくて」なら知ってるよねと次は西野カナを予約した。

やっと番がきた。

「エッ何、この会いたくて会いたくてって？　又、わけわかんない、今はキャンディーズメドレーでのってるところでしょ！」と又、消去されてしまった。

結局そのあと酔っぱらったおばちゃん達は誰一人私に「いとしのエリー」さえも歌

えと言わなくなりお開きの時間……。

私はほぼ三時間聞きたくもない曲をバックに冷えたピザやポテトをコーラで流し込み、彼女らの美声？に悶絶していた。

帰りがけに一人のおばちゃんに、

「あ～今日は楽しかった～！　○○さんの「いとしのエリー」サイコーだったよ！」

と楽しそうに言われたが、

「私は一曲も歌っていない‼」

そう叫びたいのをがまんして私は帰路についたのだ。

猫の松方君

うちの店が現在の地に移ってから三十年近くたつ。

近くに公園があり、初めの頃はのら猫の多さにとまどった。

ワンルームが多いので学生さんや一人暮らしの人がさびしさで猫を飼っていて、卒業と同時に公園に捨てて行く、と古くからの住人に聞いてあきれたが、根っからの動物好きの旦那と私！

ほっとくわけにもいかずエサをあげるかわりに、これ以上増やしてはいけないと捕獲して去勢や避妊（ひにん）する事にした。

この三十年でかれこれ数十匹は地域のボランティアさんに協力してもらい、わなをしかけ、じっくりわなにかかるのを待ち、わなにかかると病院に連れて行き、手術してもらい、又そこに放つ。

もちろんお金もかかる。でもそれ以上にこの捕獲をする時間と労力が半端なく大変だった。

初めの頃はけっこう嫌がらせもされた。

わなにかかりニャーニャー泣いている猫を見た人に、

「あんた、猫殺してどうすんの!!」としかられたり、

「三味線にでもすんのかよ!!」と酔っぱらいにからまれたり、何でこんな場所で商売なんか始めたんだろう、とこんなおばちゃんでも、さすがにうつになりそうな時もあった。

でも今は周りの人もわかってくれたようで、猫好きの人もけっこういて、のら猫の数もへっている。

その去勢をした猫の中で忘れられない猫がいる。

その猫はオス猫でガタイもでかく、光沢がかった青っぽい毛色をした、その名も「松方君!!」と私らは呼んでいた。

松方君は決してこの地に居着く訳ではなく、さかりの時期になると、どこからともなく現れて、メス猫をはらませて去って行くという「さすらいの猫」であった。

はらまされたメス猫は、ここで子猫を産んでしまうのだから、その母猫と産まれた子猫を同時に捕獲しなければならない私らは、何とかして松方君を去勢させなければとやっきになったが、松方君はけっして人間にはこびず、いつも威風堂々とこの地を闊歩し、メス猫に流し目を送り、子供を作り去って行くのくり返し、なかなかわなに

かからなかった。

何回か失敗をくり返した後に、私がふとボランティアさんのエサではなく、うちの店の大トロならどうだろうとエサをすりかえたら、何と見事に松方君はわなにかかった。やはりうちのマグロは大そううまい!!

めでたくわなにかかった松方君を病院に連れて行き、かわいそうだが玉をとった。

さて、この話はこれからが本題だ!!

今、ちまたでいろいろゲスな芸能人の話が世間をにぎわしているが、おばちゃんはそんなゲスを見るたびに松方君を思い出す。

さて、玉をとった松方君が病院から帰ってきた。

あのあばれん坊でいぶし銀の松方君の事。

そうとうお怒りで、捕獲器から放されたら、まっ先に私にくってかかって、かみつかれるんじゃないかとドキドキ、ハラハラしながらおそるおそる松方君を放した。

びっくりした!!

捕獲器から現れた松方君はまるで別人?のようだった。

あのいぶし銀で威風堂々の姿はこれっぽっちもなく、腰が引けて、まるでへっぴり腰、おどおどと回りを見まわすと、こそこそと近所の駐車場の車の下に入り込み、しばらくは出てこなかった。

それからの松方君は、まるでＩＫＯさんのようなふるまいになり、体つきも女性のよう。

私らにこびまでふるってきて、他ののら猫と肩を並べて仲良くエサを食べるようになり、もちろん、本妻、愛人の数匹のメス猫達としばらくはおだやかに暮らしていたが、いつの間にかいなくなっていた。

ちなみにどののら猫も捕獲器に入れられたうらみを忘れないようで、こんなにお金をかけて時間も使って一生けん命にこの地で彼らが生きやすいようにしてあげたおばちゃんになついたのら猫はＩＫＯさんになった松方君くらいしかいない!!

今ちまたでゲスなニュースになってる芸能人におばちゃんは言ってやりたい！

あんたのはそれはりっぱな性癖だよ!!

どんなに女房にあやまってもくせは直らない！

松方君のように玉をとるしかないねって！

ちなみに松方君の名前の由来は、おばちゃんの若い頃は、浮き名を流すというイメージがある今は亡き俳優の松方弘樹からいただいたのだ。

でも今の芸能人のようにけっしてゲスではなかったけどね!!

びっくりぎょうてん、アルコールのすんごい力!!

私の父もけっこうお酒が好きだった。

その父にもとんでもない失敗話がある。

私は結婚前、父の店の経理を手伝っていた時がある。

その当時、商店会の中で、子供相手に駄菓子屋さんをやっている八十近いおばあさんがいた。

確かおまんじゅうを置いていたのか、子供の中ではまんじゅうばあちゃんと呼ばれ、やさしいおばあちゃんだった。

ある朝、そのまんじゅうばあちゃんがうちにやって来て、

「昨日、お父さんとAさんがうちの店へ来て、お金が足りないからと明日、アッコちゃんの所でもらってくれって！」

と請求書らしい紙を私に見せた。私は請求書？と不審に思い、額を見てびっくり！

何と十万近い金額が書かれていたのだ。

今から四十年以上も前の話である。とんでもない金額だ。

でも金額よりも駄菓子屋で十万？

意味がわからずよくよくまんじゅうばあちゃんに聞いてみると、まんじゅうばあちゃんは昼間は駄菓子屋さん、夜はスナックで働いていたのだ。

父とAさんは偶然そのスナックに入って、そこを貸切状態にして、楽しんだという事らしい。

お会計になったところで、金額が足らず、「明日うちに取りに来て！」という流れになったらしい。

私は「わかりました、父に確かめて、あとでお支払いにうかがいます」と伝え父に確かめた。

確かにそのスナックへ行った事を認めた父は、

「そんなに飲んだかな～おそらくぼったくられたんだな～」

などと、のん気に答えていた。

「何でそんな店で飲んだの？　スナックだから高いのはあたり前だけど、何もあんなばあさん相手に何が楽しかったの？」

「けっこうかわいいお姉ちゃんがいて、あまりにも暇そうだからかわいそうで……そうか～まんじゅうばあちゃんもあの店手伝ってたのか。中で洗い物でもしてたのか？」

「ハ～ッ!! 何言ってるの！ 親父さんが横につけて、ずう～っと手をにぎってニタニタ話してたのは、まぎれもなくまんじゅうばあちゃんですから!!」

「そんな事あるかいな！ 俺のとなりにいたのは、色の白いかわいい姉ちゃんだったよ！」

「ハ～ッ!! 本人がそう言ってんだから確かでしょ!! 社長（父）さんはずっと私の横にいて気にいってくれたようで高いお酒も入れてくれたって喜んでたよ！」

「エッ……」

父はしばらく絶句したままだった。

そうなのだ。酒の力って本当におそろしい。

八十近いばあさんも真白くお化粧をして、うす暗い照明の下では、もう二十～三十代の活きのいいお姉ちゃんに見えてしまう。

だったら私も酔っぱらえば、目の前にいる旦那も嵐の相葉君に見えるんだろうか？

そんな父も今は墓の下で不覚な自分を恥じている事だろう。

珍獣との出会い

下戸で飲んべーが苦手なおばちゃんがなぜに今の旦那と一緒になったのか？　……それは正直に申し上げます。

はい!!　おばちゃんはその時、ただ、ただあせっていた。

その一言でございます。

と言うのも、おばちゃんの娘時代は、今では完全に死語になっている「結婚適齢期」というものが存在していたのでございます。

「男なんていらない！　私達は永遠に不滅よ！　仲良くしようね～！」

なんて言ってた親友も、好きな相手ができるとさっさと嫁に行ってしまい、おばちゃんは相当追いつめられていたんだと思う。

「もうこうなったら人間として生きているならどんなのでもいいや!!」

そんなやけっぱちな状態のおばちゃんはとんでもない禁じ手を使ってしまった。

当時、父の飲食店を手伝っていたおばちゃんは、手っ取り早く、店の客から結婚相手を選ぶ事にしたのだ！

当時のおばちゃんは『店の看板娘』おばちゃんめあてのお客さんだってけっこういたんだから。

その中で都合のいい相手をさがす事にしたおばちゃんはある活きのいい兄ちゃんにめぼしをつけた。

今でこそくそがつくよなじい様だけど、当時はイケメンさんだったのよ。

「よし！　こいつを釣ろう!!」と心に決めた。

なんたってうちは魚料理専門店。

魚だって人間だって糸さえ垂らせば一本釣りくらいできるじゃない、そう心に決めたおばちゃんはそれからはもうれつにアタックの日々。

当時、その活きのいい兄ちゃんは、常連さんがたまに連れてくる同僚の一人。なので、月に数回訪れるだけ。

一本釣りを決めたおばちゃんは、店の扉があいてお客さんが入ってくるたび、活きのいい兄ちゃんではないかと、全神経が扉に向かった状態で他のお客さんなどうわの空。

まじに大物を狙う大間のマグロ漁師状態!!

二十五才の一年間はほぼマグロ漁師に徹した一年間だったのだ。

そんなこんなでその活きのいい兄ちゃんが来店した時は、それはもう押せ押せのおばちゃんは、完全にのぼせ上がっていたので、

「なんとか結婚までたどりつきたい」

一心で飲んべーとは距離を置くという下戸のプライドを、その時は完全にぬぐい去っていた。

そして、とんとんと話が進んで、めでたく今の旦那である活きのいい兄ちゃんと一緒になれたおばちゃんは、

「この人も結局、私をめあてにうちの店に来てたんじゃん！」

とタカをくくっていたが、後日とんでもない事実を知る事になる。

当時、会社員だった旦那は、昼間は仕事に行き、夜は父の店を手伝っていたが、いつの間にか調理師の免許を取ってしまった。

理由は、昔から調理人になりたかった旦那は、若い頃飲食店でバイトしたり、自分で料理したりする事が好きだったそうだ。

でも実家の両親の「そんなやくざな商売はダメだ！」という反対で、泣く泣く今の仕事をしていたが、いつか機会があれば、調理の仕事につきたいと思っていたところ、ちょうど都合のいい飲食店の娘である私が目の前に現れたというのだ。

都合のいい者が二人集まったという事、「同じ穴のムジナ」だったのだ。

その事を知ったおばちゃんはそりゃ少し「エッ！　まじか……」とは思ったけれど、それよりも何よりもあまりにも旦那が旦那としては「できすぎ君」という現実に、「そんな事はどうでもいい。やっぱり私の見る目は正しい！」という結論に達した。

それは、この旦那はよくいう「亭主元気で留守がいい」とはまるっきり違い、うちの場合、「手元に置いといて損はない」のだ。全然、手がかからない。

例えば、友達と久しぶりに会った時に、せっかく楽しんでいる時に、「ごめん、もうそろそろ帰らないと旦那が帰ってくる時間……」

なんてそそくさと帰る事がよくあるが、うちの場合、電話で一言、「ちょっと遅くなるから子供らと何か食べてて！」で済む！

友達が遊びに来たりすると手巻きパーティーの支度をしてくれたりするので、みんな「アッコって本当にいい旦那さんとめぐりあえたね～」ってほめてくれるけど、一般的な旦那の基準を知らないおばちゃんは、

（そりゃそうだ！　だって今の旦那としか生きてきていないので、他の旦那ってどうなのよ？って感じ）

一緒になって四十年近く、相変わらず酔っぱらった旦那をなじり続けている。

生まれかわっても……

もし、次に生まれかわる事ができたら、お酒が飲めるようになりたい？って友達に聞かれた事がある。

私は、

「う～ん!! どうかな～やっぱり下戸かな！ その訳は、又、旦那と一緒になると思うよ。だって手元に置いといて損はないじゃん！ 二人で飲んべーだったらお互いに早死にしちゃうでしょう。だから私が又、飲みすぎないように鬼嫁になってしばきあげるんだ！」

と答えた。

そして旦那にも、

「だから父ちゃんは寝こまず、ぼけず、しっかり元気に生きて、私より一分でも長く生きてね！ そして生まれかわっても必ず見つけるから、来世でも仲良く夫婦として生きていこうね」

と美しい夫婦愛を語った私に旦那が放った言葉!!

「私は今度生まれかわるとしたら人間ではなく、足がなが～いクモになって生まれてきます！」とのたもうた。
私がこの世で一番苦手なものは、
飲んべーよりも何よりもクモなのだ！！！

とんでもない修羅場な話

私がまだ三十代の頃、店のお客さん同士で大げんかになった事がある。その頃の店は、今の場所と違い、車や人の流れが激しい場所にあった。時期はちょうどお盆の頃、いつもは店は休んでいる時期、でもその年は子供らと旅行に行きたくて、お盆は高いので休みをずらす事にしてお盆の時期に店を開けたのだ。

ふだん私の店は常連さんでほぼうまる。

でもお盆の時期は常連さんも会社は休み、どこかへお出かけ。そんな中で店を開けたのだから、来店してくれたお客さんはどの人も初めての人ばかりだった。

でもうちの店は、お酒を楽しむというより、魚料理を楽しんでいただく店で、何より営業時間も夕方5：30～9：00までという、常連さんいわく「大名商売」の店なので、めんどくさいお客さんは来るはずないとタカをくくっていた。

だがその日来店したお客さんの中に、父の代より現代まで六十五年続いている老舗（誰からもそう呼んでもらえないので自ら発しさせていただきます）であるわが店で後世にも語りつくされるであろう大事件が勃発しようとは珍獣と妖怪である私ら二人

にもとんと見当がつかなかった。

その人達はのれんを出したとたんに入って来た。

どこかの工事現場で働いているようなニッカポッカ姿のおっちゃんが二人、若い兄ちゃん二人の四人組で、仕事帰りらしく疲れては見えたが、楽しそうだった。

飲み始めてから、どうやら上司である現場監督へのぐち話になってきた。

「まったくこのくそ暑いのに仕事とはよ～。お盆くらい休めないのと母ちゃんがうるさくてよ～」

「あの監督、俺らばかりこき使いやがって、自分はクーラーのきいた部屋でふざけんじゃね～」

など四人で監督の悪口を言っている間はまだなごやかだった。

お酒の量も増え、これからのシフトの話になってきたとたん、雲行きがあやしくなった。

「こんなくそ暑い時に足場なんか組んでらんねえよ！　俺はお盆は休みたいから、あとはお前らにまかせたな！」

と、一人のおっちゃんがとなりのお兄ちゃんに声をかけた。

その兄ちゃんは、「○○さん、みんなこんな暑い時は、現場なんかやりたくないですよ！」とちょっとぶっきらぼうに答えた。

「エッ何だって……俺はお前らと違って所帯をもってんだから……」

とおそらくカチンときたんだろうおっちゃんが兄ちゃんをとがめた。

私が「ヤバイナ～この二人何か起こりそうな予感だなあ～」

と思った瞬間だった。その二人とは別のおっちゃんが、兄ちゃんをとがめたおっちゃんの頭に自分が飲んでいたチューハイのコップをこれでもかというぐらいのいきおいでたたきつけたのだ。

たたきのめされたおっちゃんはおそらく何が起きたのかわからなかったのだろう。そりゃそうだ！　目の前のけんかしている人間ならまだしも、おとなしくとなりで飲んでいた人間にいきなりなぐられたのだから。

ふいうちにもほどがあるではないか！！！

そして、コップでたたきのめされたおっちゃんは、しばらくボーゼンとしていたが、その額からバア～ッと血しぶきが上がってようやく気付いたらしい。

私らも気付いた。事の重大さに……。

もちろん他のお客さんもいた。あわてて場所を移動してもらい、私はその場を収める事に徹した。

その時、私の旦那は何をしていたのか‼

正確に言うと、旦那とバイトの兄ちゃんの男二人は、ただオロオロ！

調理場の奥に逃げこんでいたのだ‼

いざという時は本当に役に立たない生き物なのだ、男というものは……。


私とパートのおばさん二人で三人を引き離し、もう一人席でボーゼンとしている若い兄ちゃんに、

「ボーッと見てるんじゃないよ！　この修羅場どうしてくれんだよ！」

「父ちゃん早くケイサツと救急車呼んで‼」

と旦那に命令した私は、何とか三人を落ち着かせ、

「とにかく、ケイサツ来るまでおとなしくしててよ！」と席につかせようとした。だが、コップでなぐったおっちゃんと、けんかの原因の兄ちゃんは、

「俺はもう帰る！」ととんずらしてしまったのだ。

残されたのは、被害者である頭から血しぶきを上げているおっちゃんと気の弱そうな兄ちゃんの二人。

この気の弱そうな兄ちゃんはおそらくこの日の仕事が初めてだったらしい。けんかが始まる前までの会話を聞いていたら、どうやらその兄ちゃんの歓迎会でうちの店に来てくれたという事だった。

あの若い兄ちゃん、あれからの人生、ちゃんと生きていけただろうか？

この一件がトラウマになって苦しい人生を歩んだのではないかと、人のいいおばちゃんは未だに心に引っかかっている。

それから数分後、遠くからパトカーのサイレンが聞こえてきた。

それを聞いた血しぶきおっちゃんは、私に「悪かったな」と一万円札をにぎらせ、なんと帰ろうとしたのだ。

私「エッこれからケイサツと救急車が来るから……」

血しぶき「いやっ大丈夫だ、こんな傷は水で洗えばおちつく！」

私「いやっそういう問題じゃなくて……この修羅場どうしてくれんのよ！」

血しぶき「だから、その金で片づけてくれ！」

私「ハッ～たった一万で、あんたね～飲食代いくらかかってんと思うの。四人であれだけ飲んで食って、おまけにこの始末！　どうしてくれんのよ！」

と今度は私と血しぶきおっちゃんの一騎打ちになってしまったではないか。

その間、旦那はどうしていたのか‼

相変わらず調理場のすみでちぢこまっていた！！！

血しぶきおっちゃんと私は店の外にまで追いかけっことなり、この一騎打ちは、車で通る人や通りがかりの人達の目に入る事になり、見せ物になってしまった。

中には「おばさん、がんばれ～！」と声援まで起こり、とんでもない人だかりになって、大さわぎになってしまった。

きっと今の時代だったら、すぐにＳＮＳなどに上がり、世界中に私の勇姿？が取り上げられたにちがいない。

結局、血しぶきおっちゃんは私を振り払い、若い兄ちゃんも逃げて行き、残されたものは、返り血を浴びた私の勇姿と、惨状と化した店内、おびえた珍獣なのであった。

その後、救急車が到着して、降りてきた隊員さんが、

「大丈夫ですか？　歩けますか？　タンカ持ってきましょうか？」

とていねいにやさしい言葉をかけてくれた。

けが人が私だと思ったらしい。

そりゃそうだ。エプロンからズボンまで血だらけなんだから。

となりのかんぶつ屋のおじさんが、

「すごいな～アッコかっこいいな～」って私をほめちぎってくれた。

その後が又大変！

救急車やパトカーに平謝り、なんとかお帰りいただき、もちろん他のお客さんには後日、又、サービスしますからと、その日の飲食代もいただかず、お引き取り願い、店内の大そうじ！

まるっきりの大損の一日だったのだ。もちろんその四人はそれっきり!!

食器も割られ、まるで巨大地震の後のような散乱状態の中で、おそるおそる調理場から顔を出した旦那が放った言葉は、

「母ちゃん来年からは、知らないお客さんが来るお盆の時期は、なるべく休もうね！」だった。

何だ、そりゃ!!

やっぱり男はいざとなったら役に立たん生き物なんだと悟った私なのであった。

だが、私はこの大騒動でこれからの私ら夫婦の主導権は完全に私がにぎれると確信できたので、怒る気持ちを抑えて、

「なるべくじゃなく絶対休みにしよう！　やっぱり常連さんが一番だよね！」

と答え、二人で店の片づけを始めたのだった。
その読み通りに、それからの三十年以上わが家は私中心に回っている。

ねえ、ねえ、痛みって感じるの？

うちの旦那は心臓と肺がかんばしくなく、おまけに腎臓が先天的に一つしかなく治療がむずかしいので大きな専門病院にお世話になっている。

そろそろ店もしんどくなって、今はのんびりと週三日ほど営業している。

酔っぱらって珍獣になるのは腹立たしいが、ふだんは本当に「手元に置いといて損はない」つれあいなので、何かあってはと常に体調を気づかっている。

そんなけなげな女房の気持ちも知らないで、たまにはめをはずす時がある。いくら私が下戸で酒飲みが苦手と言っても、酒を飲むなとは言わない。

適量で楽しむなら私だって目くじらは立てない。

が、たまに飲みすぎて、考えもつかない騒動になるのが心配なのだ。


いつだったか旦那が酔って帰ってきて、店のシャッターに頭をぶつけ、ぶつけた勢いで、口や舌をかみ、血だらけになった時がある。でも本人はヘラヘラ笑いながらベッドに入って寝てしまった。

私もたまにシャッターに頭をぶつける。そして舌をかむ！　ものすごく痛い‼　もう悶絶ものである‼

そう言えば、大げんかしたお客さんも頭から血しぶき上げても痛いとも言ってなかったし、地下道で自転車に乗った酔っぱらったおじさんが、ものすごい勢いでカベにぶつかったのに、「バカやろう‼」とカベに暴言をはいて、又、自転車にまたがってフラフラと去っていった。

彼らは痛みに鈍感なのか？

はたまたアルコールの力が偉大なのか？

この謎を解くには私も酒を飲んでみれば答えは簡単に解ける。

だが悲しいかな。私は下戸なのだ！

どんなに挑戦してみたくても叶わぬ事なのだ！

私が私である限り、永遠に無理な話なのである！

私ら夫婦ってこう見えてるの？

昭和のアナログ時代を生きぬいてきた私らは今の世の中にはまるっきりついていけない。

インスタグラム？　ＳＮＳ？　ツイッター？

聞いた事はあるが、どうやるかまるっきしわからないし興味もない。旦那なんか今だにケータイさえも持っていない。

うそのような話だが旦那の外から家への連絡は公衆電話だ。……って今の時代どこにあるのか？？

うちの旦那は絶滅危惧種だ!!

ちなみに私はやっとスマホに変えたばかりだが、結局ガラケーの時と同じように電話とメールしか使う事がない。

そんな機械オンチの私だがパソコンだけは十五年くらいのつきあいになり、息子にセッティングしてもらい、たまに調べ物をするようになった。

そして何げなく店の名前で検索したらまあ、出てくるわ、出てくるわ。いつどこで

撮ったの？　というような数々の店や料理の写真。

そしていろいろなコメントの数々……。

その中に一つおもしろいものを見つけた。

それは2ちゃんねるというサイトの中で（いかがわしい物じゃありませんよ！）一人の人が○○駅近くの○○という店（うち）に行きたいのだが、情報を教えてほしいというものだった。

以下、再現。

①○○駅近くの鮮魚料理○○に行ってみたいのですが、行った事ある方どうでしたか？
②あ～○○ね。けっこう行ってるよ！
大将はあいそはないけど新鮮でうまい物食わせるよ。
①なんか他のサイト見ると、マスターがこわいって書いてあるんですけど……。

②確かにボーズでイメージ的にあまりしゃべらないからこわいかもね。でもそれは一人で板場を切り盛りしてるからお客さんの相手してる間がないんだよ。
僕はどちらかというと、大将より母ちゃんの方がヤバイと思う！
人に聞いたけど、あそこは大将がムコ養子で店を継いだので、母ちゃんに頭が上がらないらしく、なんかいつもビクビクしてて、母ちゃんが二階に上がっていなくなった時の大将ののびのびした仕事ぶりは半端ないよ！

①そうでしたか、ありがとうございます。
ムコ養子なんですね。それは頭が上がらないでしょうね。
わかりました。今度食べに行ってみます。

なんなんだ、この内容は……。
それに誰なんだ？　この的確な私ら夫婦の関係をわかっているお客さんは……？
あまりにも的を得ている……。
いや、得てすぎているではないか……。
でも、でもこれだけは言わせてほしい！！！

けっして旦那はムコではない！！！
私が旦那の姓になり嫁になったのだ。
それに旦那よりも私の方がヤバイとは、いったい何がヤバイんだ？
私の姿、形か？　ふるまいか？　しゃべり方か？
誰か教えてくれ〜〜。

この業界もマジに大変なんです！

昔、店を改装していた時のお話。

二人で店の前で大工さんの仕事を見ていた。

その時、店の前を通ったサラリーマン風のお兄さんが二人で店をのぞきながら、

「あ～とうとう〇〇もつぶれちゃったか～」

「けっこううまかったのにな、お客さんも入ってただろ。やっぱりあいそがなかったのがいけなかったんじゃないのか！」

「まあ、あっちゃこっちゃ店もできてきたしな～この業界も熾烈な争いなんだよな～」

とまるでこの業界を知りつくしているかのようなお言葉をすぐ横に私らがいるのに語っていた。

　確かにこの業界もどんどん新しい店ができ熾烈きわまりない事この上ない。ちょっと油断をすれば足元をすくわれてしまう。

　でも改装をして又、心機一転がんばろうと思っていた私らの横でいきなりつぶれ

ちゃった～はないでしょうが……。

立て看板見て下さいよ！

「○○～○○まで改装の為休みます」って書いてあるじゃん!!

でも確かに受け手側にとってはそんなもんなんだよね。

私だってたまに行く店が長く休んでいたら、

「あれ～どうしたの～つぶれたの！」って思うもん。

まあしかたがないと言っちゃそうなんだけど。

でも、もっと強烈だったのが、古い店から今の場所に移った時の事。

そのお客さんは古い店の常連さんでいつも一人で来られてけっこうお金も使ってくれた。

移転の事は店の中に貼り紙をしていたのでわざわざ私らからお客さんに報告しなかった。

場所もすぐ近くだし、貼り紙に気付いてくれたお客さんと話をするくらい。

そして三日程休んで新天地で出発した。

が、そのお客さんはいつになっても現れなかった。いつしか私らも忘れていた。

新店舗に移って五年くらいたったろうか。

旦那と近くのラーメン屋さんで食事をしていた。

「あれ～めずらしい○○の大将と母ちゃん！」

とあのお客さんに五年ぶりに再会した。

「どうしたの？　こっちに何か用でもあったの？　いきなりやめちゃったから、あのあと次の店さがすの大変だったんだよ。やっぱりいきなりサラリーマンは無理だから、どっかの店で使ってもらってんでしょ」

旦那が「いやッ相変わらず○○やってますけど……」と答えると、

「えっ！　そうか～店ごとどこかに吸収されちゃったんだ！！！」

その言葉を聞いた私は、
エッ!!　すみませんがあなたの頭の中ではうちの店はすでに五年前に完全につぶれていますよね。

そしてうちの旦那は、多額の借金せおって、女房、子供養う為に、どなたかに吸収された店で泣く泣く働かざるを得なくなり、月に一度の楽しみのお給料日に女房とラーメンをすすりに来た！

って設定か～い！

と、かしこい母ちゃんは一しゅんでこのお客さんの頭の中を読みとってしまった。

そのお客さんの言葉にかしこくない旦那はどう答えていいかただ苦笑い。

なのでかしこい私が、

「いや相変わらず私ら夫婦が○○やってますよ。五年前に今の場所に移っただけ。小さいながらも一国一城の主ですけど……」

「エッうそ！　どこで……ホントに‼」

あんたにうそついてもしょうがないじゃん！　と思いながらも今の場所や営業時間などを教えた。

少したってからそのお客さんはバツが悪そうに入ってきて、

「あ～やっぱり本当だ、大将と母ちゃんがいる～」

と、又しばらく通ってくれていた。

そうなのだ。この商売はちょっとでも油断してかかると、つぶれたならまだしも死んだ事にもなってしまうおそろしい業界なのである。

まるでドラマのような話

長くこの商売をやっているといろんな人間関係を目にする。

わが店に訪れてくれるお客さんは、家族、仕事仲間、趣味仲間など、まあどこにでもいるあたり前な人間関係が主だが、それは受け手側の私らの勝手な判断。

子供と一緒なら家族！

スーツ着た人達なら会社関係！

ゴルフ用品やつりざお持った人達は趣味仲間！

男女のカップルはご夫婦や恋人達！

などなど、でもそれは私らの勝手な思い込み。

もしかしたらそう見えるだけで、本当は中身はてんで別の人間模様があるのかも知れない……。

なんてドラマや小説の見すぎではないが、そんな事を思うような出来事があった。

その男女はその当時、何回も来店していたお客さんで、私らは仲の良いご夫婦と思っていた。

お金づかいもきっぷ良く、私らに対する態度も感じが良い。

二人の会話を耳にしてもどこそこに行ったとか、家族がどうのこうの、それはいつも楽しそうにして、たまに旅のお土産まで頂いたりしていた。どっからどう見てもご夫婦と疑う余地はなかった。

その日もいつものように二人でやって来て、店の奥のすみの席についた。お酒も進んで会話も盛り上がっていた。

店が混んできた。一人の男のお客さんが入ってきた。

その方は初めての来店だった。

入口のカウンター席にすわりビールを注文された。

「つまみはあとで聞きますね」とビールを出した。

しばらくしてつまみを聞こうとそのお客さんに近づくと、そのお客さんは、店の奥をじ～っとにらむような目で見つめている。

その目は眼光鋭くて、ちょっと声をかけにくいほど……。

なので、このお客さんにはあまり関わらない方がいいと放っておく事にした。

三十分くらいたったであろうか、さすがに何もつまみを注文しないので、

「何かつまみはよろしいですか？」と聞いたところ、
そのお客さんは、

「だったらこの店で一番高いお造りをあそこの奥にいる二人に私からと出して下さい」

といつもの夫婦を指さした。

「あ、あそこのご夫婦ですか？　でしたらもういろんな料理を召し上り、お腹いっぱいだと思いますよ」

「だったらこの店で一番高いお酒を一ダースほど出して下さい」

「エッ!!　一ダースって十二本でしょ！　まさかそんなに飲めるわけないでしょ！」

私はやっぱりこのお客さんには関わってはいけなかったんだと後悔し始めた時に、そのお客さんは私の目を見てたんたんと語り始めた。

その内容たるやまるでドラマのようだった。

「あの二人の女の方は僕の妻なんです！　今の今まで僕はあの二人にだまされていた。相手の男は僕の友達です！」

そう語られた私はただ、ただボーゼン！！！

そんな大変な事こんな店がごった返している時に語られても……私はカウンセラー

でもないし……ましてや大そうな人間でもない。ただの居酒屋のおばちゃんだし……。

うろたえた私は、カウンター越しに旦那にSOSサインを送ったが、鈍感でのん気なやからにはてんで通じない……！！！

てんぱった私がそのお客さんにかけた言葉は、

「それは、それは、大変にごしゅうしょう様です……」だった……。

だって今だったら年もそれなりに食ってきたし、いろんな修羅場も経験したので、もっといいアドバイス的な言葉もかけられただろうが、何しろその頃はまだ私も若かったので、それがせいいっぱい。でもそのお客さんは私に話したのが良かったのか、つきものが落ちたように、眼光鋭かった目つきも収まり、口調もおだやかに。

「今日はもう帰ります。本当なら二人をぶんなぐってやりたいけれど、このお店にもめいわくがかかるだろうから……」

と、さみしそうに肩をおとして、ビール代を出した。

その姿を見た私は、何てやさしい人なんだろう。ふつうだったら腹わた煮えくり返って、この場でとんでもない事になってもおかしくないのに、うちの店の心配までしてくれて……。

おそらくこのお客さんは、性格はおとなしく妻や子供の為に一生けん命働き、不器用ながら、仕事ひとすじで家族の為に生きてきたであろうに、まさか、まさかの妻のうら切り！

こんな仕打ちをされて、ましてやずっと信じてきた親友が相手とは……今はもうこのお客さんはやけくそ状態で自暴自棄でへんな気起こさないでくれと、気持ちはこのお客さんに同調モードまっしぐらな私！　……まあ、本当のところはどうなんだかわからずあくまでも私の空想の世界だが……。

まあ、何にしてもこのままこのお客さんがあの二人に気づかれずにお帰り頂ければ、何事もなくこの場は収まる。

「ありがとうございました」と私はそのお客さんを送り出した。だが、やはりそう簡単に事は収まらなかった。

一度外に出たそのお客さんは又、再び戻ってきて、私に二千円を渡し、

「これでやはりあの二人にお酒を出して……」

「エッ、でしたらお名前は？」

「何も言わなくていいから……」と言って去っていった。

さて、こまった！！！

このまま平和に事を片づけるには何もなかった事にすればいい。が、そうしたらこ

の二千円はどうなる???

悪魔「だまってポケットに入れちゃえばいいじゃん!」

天使「いや、そんな事したら犯罪だよ!」

悪魔「だってお酒なんか出したら、誰からって聞かれるでしょ。そしたら名前も知らない人からなんて気持ち悪くて飲めないじゃん!」

天使「でも、そうしたらあのお客さんがかわいそう。要するに俺はお前達の事知ってるぞアピールしたいんだよ。それを私に託したんだよ」

悪魔「そんな事託されても知ったこっちゃない。もしあのお客さんの言う事が本当なら、あの二人は本当の旦那がこの店に来たという事実で、もううちの店に来てくれないよ。けっこうお金使ってくれるでしょ! 大事なお客さんが一組へっちゃうんだよ!」

と私の心の中で天使と悪魔がこぜり合い。

しばらく二千円を手に悪魔と戦っていたが、やはりそこは人のいい天使のおばさん。

結局私はお酒を二千円分出す事にした。

「先ほど帰られたカウンターにいたお客様からです」

「エッ! 誰? 誰?」

そうくるよね～～でも私は名前を知らない。聞いていない。まさか、あなたの旦那さんらしいですよ……とは口がさけても言えない……なので、体型やこんな服着てたとか言うしかない。

結局その二人は「まあ、いいやくれた物は飲んじまおう」と何のためらいもなく旦那からのこわ～いプレゼントを飲み干しその日は帰って行った。

が、それっきりもう二度と来店された事がなかった。

どうか、どうかとんでもない結末になっていない事を願った少し切ない出来事だった。

うちの家族、わらしちゃん

ちょっと不思議な話を一つ。

今の場所に移る前までは、父からの代の店なので、築年数も古くカベは土カベ、二階の住居部分はたたみが主の、家の前を車が通ると地震並みに揺れる、はっきり言ってボロ家であった。

今の所と同じように下は店舗、二階は住居で一階と二階の間にはかくし部屋などもあった。

私が子供の頃、母方の祖母が一時住んでいた事があり、祖母は全盲だが、糸を針に通す以外はほとんど何でもできていた。

その祖母がよく口にしていた事がある。それは、

「この家には座敷童子がいるよ！」だった。

小学生の私はよくわからず、「それは何？」と聞くと祖母は、「家を栄えさせてくれる子供の妖怪だよ！」と言い、妖怪と聞いた私はただこわくてこわくて、祖母がじ〜っと一点を見つめて、ほほえんでいる姿は不気味でさえあった。

それからしばらくして祖母はおばの家に移り数年後亡くなった。祖母以外の人には座敷童子の事は聞いた事がなかった。

私はその頃は別の場所に住んでいた。

それから十数年後、私は今の旦那と一緒になり、店を継ぎ、店の二階に居を移した。

ある時、二階で掃除機をかけていると、私の横を何かが通った気配と風を感じた。

すると掃除機がいきなり止まってしまった。

「あれ～？」とよくよく調べたらコンセントがぬけていた。

引っぱったわけではない、もちろん自分でぬいたわけでもない。

そんな事が何回か起こり、旦那に「気持ち悪いよ～何かがついてるよ～この家……」とぐちったりしていたが、そんな時、たまたまＴＶで座敷童子の行動なりを教えてくれる放送があり、コンセントをぬくのは座敷童子とくゆうのいたずらであるなどと話していた。

それを見て、昔の祖母の話を思い出した。

「そう言えば、目の見えないおばあちゃんがよく言ってたけどまさかね～」

と旦那に話したら、

「きっと守り神だよ。見守ってくれてるんだね！」とこれ又、ポジティブで単細胞な旦那のお言葉。

それからのわが家はちょっといい事や楽しい事が起こると全て座敷童子のおかげと思い、私らは「わらしちゃん」と名付けて、わらしちゃんは家族の一員となっていた。

それから数年後、私らは今の場所に移る事になり、古い家は建てかえる事になった。

私ら夫婦はわらしちゃんの事が気になり、どうなるか心配したが、「まあ、一緒についてくるよ！」とこれ又ポジティブ旦那の一言で引越しを完了した。

その後古い家はこわされ、きれいな近代的な建物になった。

今の私達の新居も新しく建てた為、作りは今風、たたみの部屋はなく、ちょっとわらしちゃんには住みづらい構造なので、私らはもう「わらしちゃん」には逢う事はないとあきらめていた。


二年ほどしたある日の店での事。

トイレの前に常連さんが立っていた。

誰かが入っていて待っているのだろう。気にも止めずに仕事をしていた。そのうちにトイレの前に行列が、

「どうしたの？」

「カギかかってるから誰か入ってるんだろうけど、なかなか出てこない」

そしたら一番最初に並んでいた常連さんが、

「さっき子供が入っていってなかなか出てこないんだよ！」

「エ～？　子供って、本当だ、カギかかってる。でも子供なんて今日はいないでしょ！」と私はドアをノックした。

うちのトイレはたまに中途半端なカギの開け方をすると、勝手にカギがかかってしまう事がある。

ノックしたが返事がないので、器具を使いカギを開けた。

案の定誰もいなかった。

「ほら見てみ！　誰もいないでしょ。ごめんね、勝手にカギがかかっちゃったんだね」とお客さんにあやまった。

が、その常連さんは、

「そんなはずはない！　本当に小さい子供が入っていったんだよ」

としばらく言いはっていた。

仲間からは、

「飲みすぎだよ。そんなもんまで見えるほど今日は飲みすぎ‼」

などとやじられていたが、そのお客さんは子供がいたの一点ばり。

でも私らは、やっぱし「わらしちゃん」は一緒に引越してきてくれたんだと、なぜか胸が熱くなり、その常連さんに、

「見つけてくれてありがとう！」と心の中で感謝した。

でも悲しいかな。私らにはこの地に移ってからわらしちゃんを感じる事はもうない。

だけど今もこの小さい家のどこかにわらしちゃんはいると信じている。

こんなジャイアンな私だけど、けっこうつらいんです！

うっぷんがたまったらお酒の力を借りてしこたま飲んで嫌な事やつらい事を忘れてしまおうって周りの飲んべーさんが話していたのを昔から耳にしていた。

本当にお酒を飲んで嫌な事やつらい事を忘れる事ができたらどんなに楽だろう。

もしそんな事ができるならぜひ私もこのつらさをなんとかできないものかと思うのだが……私にも弱いところがある。

少しここで私の話をさせていただこう。

このガタイにこの性格、そして日々の旦那に対するジャンアン的な行いや態度、どこをどうとってもつらい悩み事なんてあるわけないと誰もが思うだろうが、私にも長～いつきあいの持病と呼ばれるものが二つほどある。

一つは子供の頃からの喘息である。

ちょっと風邪など引くとせき込みが止まらなくなり、今も吸入器のお世話になっている。

今はどこでも禁煙があたり前だが、昔は居酒屋と言えば喫煙があたり前で、注文など聞いている時に、煙など吸いこもうものなら地獄のようだった。発作が起こりそうになるとよく店の外ににげ込み、ゴホンゴホンと涙を流してせき込んでいた。

うちの旦那も喫煙者だったが、十年程前にパッタリやめた‼ それはもののみごとに……。

若い時からお酒をやめろとは言わないから、せめてたばこはやめてくれ！と私は常に旦那にたのんでいた。

はっきり言ってお酒はあばれ回るとか人に直接めいわくをかけなければ体をこわすのは本人だけなので他人には関係はない。

が、たばこは受動喫煙というものがあり、周りの人間にめいわくがかかる。

「父ちゃんが死のうが生きようが、それは本人の責任だからかまわないけど、周りにはめいわくかけないで‼」

と私が常に言っていたので、家族がいる二階では吸わなかったが、車の中などで吸われると、もう私は頭にきて、よく旦那をなじっていたが、たばことというものは、一度つかったらニコチン依存症からぬけだせないのであろう。

お酒以上にこれは無理だなとあきらめていた。

それがそれがなんという事だ！！！

十年程前に、せき込むと胸が痛いと言って病院でレントゲンを撮ってもらったら、肺がまっ白でこのままいくと肺気腫へとまっしぐらと言われ本人はよほどこたえたのだろう。

なんと昨日まで吸っていたたばこをいともかんたんにスパっとやめてしまった。私が喘息で涙を流してせき込んでいた時も、平気で横目に見て吸っていたのにである!!

やはり自分の事となると自分勝手なやからなのだ（怒）。

そしてなんという事か！！！

たばこのかわりに口さびしいのか、あめちゃんをなめ始めたのである。

（大阪のおばちゃんか！！！）

今では調理場にはあめとチョコレートがどっさりと置いてある。

まあ、そのあとに心臓も悪くなったのでたばこはやめられてよかったの一言だが、そのいきおいでお酒もやめてくれたらと思うのだが、この商売をしている限り無理な話なんだろうな～。

話を私の事に戻すが、今はコロナ禍なので私は喘息の発作など起こしてせき込もうものなら、周りにどう見られるかと毎日が不安でもう一つの持病がおさまりそうもない。

そのもう一つの持病とは、これが一番やっかいなやつなのだ。

この頃はメジャーになって有名人もカミングアウトしているから耳にしている事もあるだろうが、パニック障害。こいつともう三十年近くのおつきあいなのである。

初めは何が起こったのか自分でもわからなかった。

いきなりものすごい動悸がしたと思ったらめまいと息苦しさ、そして死ぬのではないかというとんでもない恐怖感!!

それが何回か続いて、旦那と車で病院にかけ込む事もたびたび。が、どの病院へ行っても、どんな検査をしても何もどこも悪くない。

それがパニック障害という病気なんだとわかるまではずいぶんかかった。

電車に乗れない。人と向きあえない。

医者に更年期と言われ、ホルモン治療をされたり、結局パニック障害の治療薬に出合うまでの数年間は、よく覚えていないほどの薬漬けの日々でいろんな薬を飲まされ、常に意識はもうろうとしていた。その間も店は手伝っていたが、あれほど商売をやめたいと思った時はなかった。

よく父ちゃんにこのまま店をやるんなら別れようとまで追いつめられて口にしてい

たが、ポジティブでのん気な旦那は（要するにバカなのね……）てんで人の話なぞ相手にしてくれなかった。

今思えばそれが良かったのかも知れないね。

月日がたち、ある薬に出合ってからはおちついては来ているが未だに治ったわけではない。

ストレスや心配事などあると今度は不安感で押しつぶされそうになり、薬を飲んで、とにかく気持ちをその事から離れるようにして、夜中だろうが動く！

じっとしていると気が狂いそうになるのでぐるぐる回り、とにかく歩く！

旦那も今では何も言わず、私のしたいようにさせて私がぐるぐる歩き回ってるのを静かにながめている。

旦那から見たら熊が徘徊してるように見えてるんだろうな〜〜。

この病気になって、私に合う薬を見つけてくれたお医者さんにも感謝しているが、もう二人ほど私を救ってくれた人がいる。

一人は今は亡き女優の野際陽子さん。

なんで女優さん？とお思いでしょうが、ずいぶん前のドラマでのお話。精神科医の役をしていた野際さんが患者さんにかけた言葉が私を救ってくれたのだ。

「このパニック障害という病気はけっして治らないの、完治はしないのよ。これは治すのではなく慣れるのよ！」

このセリフは効いた～～！！！

「そうか～治そうと無理しなくていいんだ。慣れればいいんだ～！」

と今は私の心の中の相田みつを、バイブルなんだ。

まさかTVドラマに救われるなんて、このセリフ書いてくれた脚本家さんに感謝、感謝の私です。

そしてもう一人それはH美ちゃん。

ちょうど薬と出合い、そろそろ何か行動でも起こして今の暗闇から脱却しなくては、と思い近くのスポーツジムへ通い始めた私の目にかっこいいお姉さんが飛び込んできた。

そのお姉さんはエアロビクスのインストラクターさん。

私がガラス越しにスタジオをのぞいていたら、

「よかったら見てるだけでなく、体動かしてみませんか？」

と声をかけてくれた。

このおばさんはそのお姉さんに恋してしまったのだ。

こんな年でもときめく心があれば、ふだんだったら絶対しないであろう事も行動に移せる。

おそらくH美ちゃんにさそわれなかったら、ジムなどすぐにやめていただろうし、体を動かす事などなかった。

体を動かすって精神的にもすごいいい事なんだよね。

楽しいし、体をつかれさせると夜もよく眠れるし、いい事ばかりだが、あまりにも調子がよかったので、他のイントラさんのレッスンにもはまり、他のジムにも行ったりして、エアロビ三昧、このガタイがでかいのに……結果ひざをこわしてしまい今ではプールでがんばっている……（涙涙）。

その後、愛するH美ちゃんはジムのイントラさんはやめてしまったが、旦那共々H美ちゃん一家とは今も交流は続いている。

だって、H美ちゃんの地元は茅ヶ崎なのよ！

茅ヶ崎って私ら夫婦が神とあがめる桑田大先生の生家があるところ。

今年（二〇二〇年）はサザンビーチでのサザン花火大会もないんだろうな～（涙）

若い人達に気づかされた事

H美ちゃんには、年齢には関係なく、いくつになっても新しい世界を開く事ができるんだと気付かせて頂いた他に、二人のかわいいお友達と知りあえるきっかけも頂いた。

Y・MちゃんとF・Mちゃん、この二人はヨガのイントラさんで、当時私が通っていたジムのレッスンをしていた。H美ちゃんとは仕事仲間。H美ちゃんはエアロの他にヨガも教えていて、地元茅ヶ崎でスタジオを開いていた。

二人はそのスタジオでもレッスンを受けもっていたのでいつの間にか私も二人と接するようになっていった。

ちなみに私はヨガは苦手なのでほとんどしない。

それはカミングアウトしてしまうが、なさけない話、ヨガのポーズによっては、どうもおならがおさえられない……（恥）。

何回かいどんではみたが、どうもあるポーズになるとお腹がうずく……気になって集中できないので愛しのH美ちゃんのヨガさえも無理なのである。スタジオをのぞい

てみても、みんな平然とポーズとってるけど、大丈夫なの？　それとも私だけ？？？

やっぱりこのおばさんは変わってるの？？？

話が横道にそれてしまったが、Y・MちゃんとF・Mちゃんは友達をさそいうちの店にも来てくれるようになり、若い人と接する楽しさを教えてくれた。

私はお酒が苦手なのでこの商売を継ぐつもりはなかったし、旦那を選んだのもサラリーマンの嫁になれると思ったからだ。

だが結果こうなってしまったので常に嫌々状態でお客さんの相手をしていた。

でも旦那は、

「母ちゃんが思うような嫌なお客さんばかりじゃないよ。若い人なんかと話をすると刺激もあっておもしろいよ!!」

と常に前向き！

私もこの頃にちょうどパニック障害から少し解放された時だったので、まずは旦那の言うように若い人から近づくようにしたら、ずいぶんこの商売への考えも変わってきた。

その後、Y・MちゃんとF・Mちゃんはお互いにすてきな伴侶にめぐりあい、私ら夫婦を結婚式に招待してくれた。

この年で結婚式となると、おいっ子、めいっ子の親族席、おざなりのつきあいの形式的なつまらない集まり。

だが、この二人の結婚式はお友達として呼んでくれたようで、席も若い人と一緒で本当に楽しかった。

Y・Mちゃんの場合は二次会にまでおじゃました。

二次会なので若い人がいっぱい。

もちろん酔った人はたくさんいたが、いつもの嫌悪感はまるっきしない。その時初めて、お酒の集まりの席でも、自分が本当に楽しければ、飲んべーがいようと関係ないんだなと、遅まきながら気づかされた自分がいた。

コロナ禍での話　パート1　願い？

今（二〇二〇年）世界はとんでもない事になっている。

この年まで生きてきて、そのたびそのたびびっくりするような事件や事故、そして天変地異などいろんな出来事に遭遇してきた。

でも今回のような、終わりが見えない戦いは初めてだ。

いったいいつになったらコロナというやつは収まるのだろうか。

だが収まったとしても元の生活に戻る事ができるのか本当に心配だ。例えば猛暑の夏にきちんとマスクをして過ごしていた人間がコロナは収まりましたよと聞いてすぐにノーマスクで他人と普通に会話する事ができるのか？

家族や少人数で個別に盛られた食事を前にして、小声で話したり、あるいは無言でしていた外食を、コロナが収まりましたと聞いて、五〜六人で集まり大声でカラオケに興じたり、大皿の料理を皆でシェアしあうなんてできるんだろうか……。

楽しい時に自然と出るハイタッチ。愛しい人とのハグ。

修学旅行。親せき友達いっぱいの幸せオーラ満載の結婚式などなど。ついこの間の事なのに、今はなつかしいシーンばかりだ。

そしてそしてこれが今の私が一番にどうか戻ってきてほしいと願っている最大の関心事！

敬愛なる桑田先生率いるサザンの全国ライブ！

今年（二〇二〇年）の六月に無観客ライブを横浜アリーナで開催してくれた。涙が出るほどうれしかった。

パソコンの前で思いっきり熱狂した。

でもでもやはりあの夢のような時間を、日本中のみんなとあの場所で共有したい(祈)。

まるっきりの赤の他人だけど、となりの人と一つになって同じ感動を全身で味わいたい。

このつたない文章が本になっている頃には、どうか、

「二〇二〇年って本当に大変な年だったね！」

と笑顔で誰もが口にできるようになっている事を願いたい。

酒は飲んでも飲まれるな!!

先日、タクシーの運転席の窓ガラスを酔っぱらいが思いっきり叩いて粉々にしていたり、どこかの店のガラスドアをこれ又思いっきり蹴っとばして割っている酔っぱらいのニュースを目にした。

これらは全て防犯カメラやドライブレコーダーに映った映像なので、犯人はすぐ捕まる。

だが、捕まった後にほとんどの酔っぱらいは正気に戻ると必ずといっていいくらい、「覚えていない!」と供述する。

おばさんはそのようなニュースを見るたび、TVに向かって、「は~ん!! 覚えていない!だと!? 怒・怒・怒」とどなってしまう。

覚えていないという事は、とんでもない事をしたという記憶がない。

すなわち自覚がないのだ!

要するにその酔っぱらい達の頭の中には、その場面がすっかりなかった事になっている……。

そんな事許されていいのか？　いいや！　私の中では許されるものではない（おばさんが被害を受けた訳ではないが……）。

もちろんその行為の一部始終は、防犯カメラやドライブレコーダーに映っているので言いのがれはできない。

でもこれから裁判や被害者への保障などしていくにあたって、「自分はそんな事したはずはないのに何でこのような立場に置かれなければいけないのか？」と、それこそその酔っ払い達にとっては、理不尽な毎日になる。

覚えがないとはそういう事ではないのかと、酒に飲まれた事のないおばさんは常にこういう事が起こるたびに思う。

いつの時代も、

「お酒は飲んでも飲まれるな！」ですよ。

でも今の時代はドライブレコーダー、防犯カメラ、そしてスマホと証拠がたくさん残るので、酒に飲まれてしまう酔っぱらいには生きにくい世の中になってしまったもんですね。

下戸的にはもっともっと世にさらして、少しは反省してくれたらいいけどね。

追伸

でも素手でガラスを叩いたりしていた酔っぱらいもいたけど、そういう人ってそうとうケガしたんではないの？

次の朝正気に戻って自分の手を見てどう思ったんだろう？

朝、目覚めたら手首が血だらけって状態でしょ？

私だったら、

「エッ‼　私って夢遊病なの（まあ、この年だと徘徊老人だな）夜の町ほっつき歩いて誰かを殺して来たの！！！」

ってもうパニックの境地で気が狂ってしまうわ。

あっそうか‼　そんな心配ないんだった。

その日に捕まった酔っぱらいさんのほとんどはケイサツで1泊するんだった。

正気になって迎えた朝がケイサツの中だったら、びっくりして自分の手の事なんかぶっ飛んじゃってるね。ムフッ。

コロナ禍での話　パート2　遺言

うちの店も自粛はした。

三月から五月末までの丸三ヶ月間も。

この商売をしてこんな長い間休んだのは初めてだった。週末にマグロ販売の外売りのみを二時間程するだけなのでほぼ毎日旦那と私はほうけていた。

ジムにも行けない。友達とランチもできない。ＴＶを見ても再放送ばかり、大好きなスーパー銭湯もお休み……。

きわめつけは娘にも会えない。

うっぷんはたまる。はけ口はない。

それにちょっとでも具合が悪いと、「コロナか！！！」と心配して動悸が激しくなり不安感にさいなまれパニックが起こり安定剤を飲み、外には行けないのでせまい部屋の中を熊のようにぐるぐる動き回る。

人生六十数余年、考えもつかない日々が訪れた。

旦那といえば、ＴＶの前に寝そべってほうけた老人のようにボーっとしている。ヤバイ!!　このままだと二人してボケ老人へまっしぐらではないか!!　となかばあきらめかけた頃に旦那が「歩いてくる!」と言い出した。

「歩いてくる??　父ちゃんが??」といぶかしがる私を尻目に旦那はウォーキングを始めたのだ。

こんな事ありえない事だ!!　運動なんて縁のない人なのに……。

昔一度、自転車こぎでもして体をきたえると私の通っているジムへ入会した事がある。

本人もその気なので会費は年払いにした（少し安くなるので）が、一週間で音を上げた。

「自転車をいくらこいでも前へ進まないし、周りの景色はいつもじいさん、ばあさんの半分死んだ顔しか見えないから……」

（あたり前だろ、ジムなんだから!）

「自転車はやはり風を切って木々や草花を感じないと意味がない」

（だったらチャリでサイクリングでもしろや!）

と訳のわからん理由でリタイアしてしまった。

だが会費は一年間、払い戻しはできない!

なので、

「これから一年間うちの風呂には入らず、ジムで入ってこい‼」

と一年間風呂通いさせた事もある。

そのくらい運動ぎらいのその旦那が「歩いてくる！」と言い出したのだ。よっぽどコロナがこたえたらしい。

だが旦那には心臓の持病がある。あまり無理はできない。

なので結局私が一緒に行動する事にした。

そしたら、けっこうはまった。楽しいのだ。

ペットボトルの水を持って、時にはおにぎりを片手にピクニック気分で腐れ縁のような私ら夫婦が新鮮な気持ちになれた。

コロナは憎いけれど、こんな事今回のような事がなければ考えがつかなかった。

そして私の考えも少し変わった気がする。

私はずうっと前から年をとったら『やすらぎの郷』のようなすてきな老人ホームに入りたいと思っていた。

だが旦那は、

「どんなに設備が整った老人ホームでも絶対にいや‼　自分の家で老後は過ごす！」

と意見はまっ二つ。

なのでそう遠くない未来は、別々になるだろうと思っていたが、今回のコロナさわぎで、病院に入院していてもお見舞いもできない！　ホームや施設に入居している人も家族に会えないと聞いて考えを改め直した。

一人ではやはりさみしい！　かといって一緒に老人ホームには入ってくれないんだったら、私が折れるしかないではないか！

わかりました。このまま一緒に老後を迎えましょう。

でも良いですか、父ちゃんよくお聞きなさいよ。

私はあくまでもあなたの意見を尊重して一緒に住んであげるんだから私がぼけたり寝こんだらあなたが私を看るんですよ。

あなたに私の下の世話をさせてあげましょう。なんと光栄な事でしょう。

つつしんでこの役目をお受けなさい。

ただし私はあなたの下の世話は一切致しません。したくもありません。

なので私より先にぼけないで下さい。

そして私より先に死なないで下さい。

そして私を看とるにあたり一つ二つお願いがあります。

ぼけて訳のわからん行動をしだしたらホームに入れて下さい。

ぼけなくても病気で寝たきりになったら意識のあるうちは苦しいのや痛いのはいやです。なので薬でなんとかしてくれるように先生にお願いして下さい。

意識がない場合はそのままでけっこうです。延命治療はしなくていいです。

そして私のお葬式ですが、これはいつも人様のお葬式に出席するたびに話してるからわかるでしょ！

家族葬でお願いします。

出席者は父ちゃんあなたと娘・息子のみでお願いします。

おざなりの親類縁者は呼ばないでいいです。

そういう人のほとんどは血すじというだけのつきあいでわざわざ来なくてはいけません。それは本当にしんどい事です。

これは父ちゃんあなたの葬式にも言える事なので、私が先に死んであなたの実家に連絡した時に自分の葬式もこうするから連絡しても来ないでくれと伝えて下さい。来られても息子や娘の負担になるだけです。

私の数少ない友人、知人も同様です。

でも大好きなH美ちゃんと中学からの親友のKだけには知らせて下さい。

おそらくたましいになってそこに飛んでいって何かの形で現れると思います。そうしたら二人がびっくりするといけないので……。

だからそれ以外の人には全て終わってから報告して下さい。

今はコロナでそのようなお葬式が多くなってきたみたいだけどコロナが収まってもこれだけは守って下さい。

この四十年間いろいろありました。

でもあっという間の時間でした。けっこう楽しかったです。

人生百年時代というけれど、意識や体力がしっかりしている時間はお互い残り少なくなりました。

なのでこれからはなるべくけんかせず、仲良く老後を楽しみましょう！

だってさっきTVで言ってたでしょう。

一人の男と一人の女がこの広い世界の中でぐうぜん出会って結婚するなんてものすごいキセキなんだよって。

四十年前、うちの店であなたの足をひっかけて良かったんだとこの頃思い始めた母ちゃんからの最初で最後のラブレターとして、そして遺言もかねて最後まで読んでくれる事を祈りながらこの本を贈ります。

終わりに

いかん、いかん、何か最後の方はずいぶんしめっぽくシリアスになってしまった。

このおばちゃんのキャラではない。

時を戻そう（ｂｙぺこぱ）いや話を戻して、この本にたずさわってくれた全ての方々に感謝を込めて……。

まず父ちゃん、あなたとの日常は本当に楽しく面白いネタのオンパレードでした。

ありがとう、これからもネタ待ってます。

そしてこの本に出てきたお客さん、失礼な話をいっぱい書いてしまってごめんなさい。

おもに三十年前の話なので許して下さいね。

そうそう幻冬舎さん。こんなつたない文章を本にしませんか、と声をかけて下さってありがとう。楽しい時間でした。

そして、そして、こんなしろうとの本を手に取り、最後まで読んで下さったそこのあなた!!

本当に本当にありがとう。感謝でいっぱいです！

とにかく下戸の私には謎のオンパレードの飲んべーの生態。決して融合する事はないけれど、この世に飲んべーと下戸がいる限り、下戸の私は少しでも損をしない生き方を残りの人生で送れるようにがんばって気を付けて過ごしていこうとしみじみ思うようになりました。

そろそろうちの旦那が珍獣へ変わる時間。

私「今日はもう飲むのはやめにしなよ」

旦那「そんなに飲んでないでしょ、それに少量のお酒はぐっすり眠れる薬にもなるんだよ」

私「ふ~ん、都合いい薬だね！」

旦那「そうだよ、母ちゃんも眠れないって言って薬飲んでるでしょ、何であんなもの飲むの、あぶないよ！」

私「ハッ！　私は下戸ですけど何か！」

〈著者紹介〉
佐原 明子（さはら あきこ）
横浜の海の近くのこの地で商売人の娘として生まれ、
26 才の時に今の旦那の足をひっかけて結婚。
32 才の時に父から店を引き継ぎ独立。
酔っぱらうと珍獣になる旦那とこの小さな店を営み、
常に頭の中には「お酒が飲めたらどんな人生だっただ
ろうか」と思いながら日々生きている。
アルコールをまるっきし受け付けない下戸の居酒屋の
おばさんです。

居酒屋《いざかや》おばさんの下戸《げこ》ですけど何《なに》か？

2021 年 7 月 30 日　第 1 刷発行

著　者　　佐原 明子
発行人　　久保田貴幸

発行元　　株式会社 幻冬舎メディアコンサルティング
〒 151-0051　東京都渋谷区千駄ヶ谷 4-9-7
電話　03-5411-6440（編集）

発売元　　株式会社 幻冬舎
〒 151-0051　東京都渋谷区千駄ヶ谷 4-9-7
電話　03-5411-6222（営業）

印刷・製本　中央精版印刷株式会社

装　丁　　荒木 香樹

検印廃止

ISBN 978-4-344-93493-1　C0095
幻冬舎メディアコンサルティング HP
http://www.gentosha-mc.com/